Silvia Braun

Floristik-Ideen für Ostern

CHRISTOPHORUS
BRUNNEN-REIHE

Inhalt

3 Frühling im Haus

4 Material & Technik

6 Kranz & Nest

8 Schale mit Narzissen

10 Wandschmuck

12 Kegel mit Hyazinthen

14 Gesteck mit Vogel

16 Primeln & Bast

18 Frühling im Garten

20 Füllhörner aus Sisal

22 Leiter aus Reed

24 Kirschblüten

26 Tisch-Dekoration

28 Schlaufe mit Küken

30 Vasen in Blau

Frühling im Haus

Die dunkle und kalte Jahreszeit liegt hinter uns, die Natur erwacht mit vielen Blüten zu neuem Leben. Gerade jetzt macht es besonders viel Freude, etwas von dieser Farbenpracht ins Haus zu holen.

Nutzen Sie die Möglichkeiten, die moderne künstliche Blumen bieten: Sie sind von lebenden Pflanzen kaum zu unterscheiden und holen den Frühling zu einer Zeit ins Haus, in der im Garten erst wenige Knospen zu sehen sind.

Im vorliegenden Buch finden Sie Anregungen, Frühblüher und andere Frühlingsboten zu verarbeiten: duftiger Tür- und Fensterschmuck mit Primeln und Anemonen, Gestecke zum Hängen und Stellen mit Kirschblüten und Narzissen. Für jeden Wohnbereich ist etwas dabei. Sie finden aber auch Beispiele mit Hortensien. Im Garten blühen sie etwas später im Jahr, aber als Topfpflanzen sind sie schon sehr früh zu kaufen und begeistern uns mit ihren wunderschönen Blütenbällen. Folgen Sie den Vorschlägen in diesem Buch und Sie werden an Ihren floristischen Dekorationen auch noch lange nach Ostern Freude haben.

Ich wünsche Ihnen viel Freude beim Gestalten.

Silvia Braun

Material & Technik

Hilfsmittel und Werkzeuge

Für floristische Arbeiten benötigt man **Drähte** in verschiedenen Stärken: Zum Binden von Blumen und Schleifen Drähte in Grün, Gold und Silber (0,3 mm ∅), zum Stecken etwas dickere Drähte in Grün (0,6 mm ∅).
Aus Draht dieser Stärke werden sogenannte **U-Haften** gebogen. Diese U-förmig gebogenen Drahtstücke werden verwendet, um Sisal, Moos oder andere Materialien auf dem Steckschaum zu befestigen.
Für fast alle Gestecke ist **Steckschaum** notwendig. Steckschaum in Ziegelform ist preisgünstig und kann einfach mit einem Küchenmesser auf die gewünschte Form zurechtgeschnitten werden.
Um Steckschaum abzudecken, werden Sisalfasern, sogenanntes **Feenhaar**, **Islandmoos** oder **Dschungelgras** verwendet. Diese Materialien können durch **Plattenmoos** ersetzt werden. **Bast** dient bei einigen Gestecken dazu, Zweige zu bündeln oder Aufhängeschleifen anzubringen. Diese Materialien sind in der Floristik-Abteilung von Bastelgeschäften erhältlich.
Benötigte Werkzeuge sind: Seitenschneider, Schere, Zange, Gartenschere und eine Heißklebepistole, z. B. UHU pistole LT 110. Drähte, Steckschaum und Werkzeuge werden in der Materialspalte nicht mehr erwähnt.

Grundformen und Materialien

Als Basis für die Gestecke dienen verschiedene Gefäße, Kränze, Reedbündel und Zweige. Hauptbestandteil der Gestecke sind künstliche Blüten, Blätter und Gräser. Sie sind in großer Auswahl in Bastelgeschäften, aber auch in Baumärkten, Kaufhäusern und beim Floristen erhältlich.
Frühlingshafte Deko-Elemente, wie Hühner, Vögel, Eier, Schmetterlinge aus unterschiedlichen Materialien, verleihen den Gestecken den letzten Pfiff. Gerade bei diesen Dingen ist es möglich, die Buchvorschläge nach Ihrem Geschmack abzuändern.
Farbige Bänder mit Frühlingsmotiven runden die Arrangements ab. Für diese Accessoires gelten die genannten Einkaufsquellen, aber es lohnt sich auch, in Geschenkläden und auf Kunsthandwerkermärkten zu schauen.

Arbeitstechniken

Steckschaum bildet die Grundlage der meisten Gestecke. Blüten, Blätter, Gräser, teilweise auch die Deko-Artikel einfach in diese Masse einstecken. Es ist lediglich darauf zu achten, dass der Steckschaum nicht durch häufiges Korrigieren ausgehöhlt wird. Das Material findet dann keinen Halt mehr.
Kleinere Blumen möglichst vor dem Stecken bündeln und mit feinem Draht zusammenbinden. Teile, die nicht gesteckt werden können, werden mit der Heißklebepistole angeklebt. Es ist ratsam, vor dem Kleben das Material an die gewünschte Position zu halten, da Korrekturen nach dem Befestigen nur schwer möglich sind.
Bei vielen der gezeigten Arbeiten werden Stecken und Kleben kombiniert. Welche Art der Befestigung zu wählen ist, wird bei den einzelnen Gestecken erläutert.

Kranz & Nest

Material

Hortensienkranz

- Steckschaumring, 23 cm ∅
- 2 Hortensienblüten in Violett
- Hortensienkranz in Violett/Weiß
- 4 Hortensienpicks in Hellgrün/Weiß
- 10 Anaphalisblüten, echt
- 3 Nigella in Weiß
- 2 Beerenpicks in Violett, gezuckert
- Efeuranke, etwa 50 cm
- Feenhaar in Hellgrün

Vogelnest

- Vogelnest, 15 cm ∅
- 2 Wildblumen in Grün/Violett
- 5 Ahorn-Blätter oder andere gezackte Blätter
- Tillandsienranke, 1,20 m
- Gestrüpp
- Grasbund
- Dekoball, 6 cm ∅, in Hellgrün
- 2 Keramikvögel, 6 cm

Hortensienkranz

1 Den Steckschaumring mit Feenhaar bedecken. Die Efeuranke in drei Abschnitte zerteilen und den äußeren Kranzrand damit verkleiden, mit U-Haften sichern.

2 Die Hortensienblüten und den Kranz mit dem Seitenschneider in kleinere Blütentuffs zerlegen. Bei den restlichen Blüten und Beerenpicks die Stängel auf etwa 3 cm kürzen. Das so vorbereitete Material gleichmäßig auf dem Ring verteilen und feststecken. Blätter der Nigella zwischen den Blütenblättern anordnen.

Vogelnest

1 Dekoball ins Vogelnest kleben, dahinter ein kleines Stück Steckschaum anordnen. Wildblumen und Gras in den Steckschaum stecken, den Hintergrund des Gestecks mit den Blättern gestalten.

2 Den Rand des Vogelnests mit der Tillandsienranke dekorieren. Am vorderen Nestrand das Gestrüpp senkrecht festkleben. Mit der Klebepistole die beiden Vögel fixieren.

Schale mit Narzissen

Material

- Glasschale, 19 x 8 x 11 cm
- Zierkies in Orange
- 3 Tazetten mit Zwiebeln in Weiß/Orange
- Dekogras in Grün
- Grasbund in Dunkelgrün
- Islandmoos in Hellgrün
- Watteeier 11 x 20 mm, 3 x 30 mm, in Orange
- Vogelnest am Stab, 9 cm, in Orange

1 Ein Stück Steckschaum auf den Boden der Glasschale kleben. Um den Steckschaum herum Zierkies einfüllen, mit Dekogras und Islandmoos bedecken. Der Steckschaumblock soll von außen nicht mehr sichtbar sein.

2 Die Tazetten nebeneinander anordnen, in den Steckschaum stecken, das Gras dazwischen platzieren. Eier mit etwas Heißkleber ins Islandmoos setzen. Das Vogelnest hinzufügen.

Wandschmuck

Material

Eimerchen

- 11 Elefantenreedstängel, etwa 80 cm, in Hellgrün
- 3 Zinkeimerchen, 7 cm
- 2 Veilchenpicks in Zartrosa
- Veilchenpick in Violett
- Wollgraspick in Violett
- 2 Birkenzweige in Grün, 50 cm
- Buchsranke in Grün, 65 cm
- Feenhaar in Weiß
- Bast in Hellgrün

Kränze

- 5 Elefantenreedstäbe, etwa 60 cm, in Hellgrün
- 2 Dekokränze, 11 cm ∅
- Maiglöckchenranke, etwa 50 cm
- 3 Blumenpicks in Weiß
- Bast in Hellgrün

Eimerchen

1 Elefantenreedstängel bündeln und an beiden Enden mit Bast zusammenbinden. An der Rückseite eine Aufhängeschlaufe aus Bast ankleben.

2 Zinkeimerchen mit Steckschaum füllen, mit Feenhaar abdecken. Veilchen jeweils in die Mitte der Eimerchen stecken, mit Birkenzweigabschnitten und Wollgras ausschmücken.

3 Bast mehrfach um die Eimer schlingen, mit Heißkleber sichern. Das Eimerchen mit dem Veilchen in Violett zwischen den beiden anderen anordnen, am Reedbündel festbinden. Zusätzlich mit der Klebepistole sichern. Abschließend die Eimer optisch durch die Buchsranke miteinander verbinden.

Kränze

1 Elefantenreed mit Bast bündeln, einige Stängel etwas einkürzen, damit das Bündel nicht zu regelmäßig aussieht. An der Rückseite eine Bastschlaufe als Aufhängung ankleben.

2 Kränze, wie auf der Abbildung zu sehen, eng beieinander mit Heißkleber auf dem Bündel befestigen. Zwei der drei Blumenpicks mit feinem Draht abbinden und mit dem Seitenschneider stark kürzen. Die Maiglöckchenranke um die Kränze winden und die gekürzten Blumenpicks aufkleben. Einzelblüten auf den Kränzen mit der Heißklebepistole sichern.

Kegel mit Hyazinthen

Material

- Dekokegel aus Metall & Ranken, 28 cm
- 2 Hyazinthen in Pink
- 3 Salalblätter in Hellgrün, 10 cm
- Ginster in Hellgrün, 60 cm
- Islandmoos in Hellgrün
- Dekogras
- Grasbund
- Frühlingsband, 40 mm, mit Hühnermotiv, etwa 50 cm
- Dekoball, 6 cm ∅, in Hellgrün

1 Die Kegelöffnung mit Steckschaum füllen. Den oberen Teil des Kegels so mit Dekogras umwickeln, dass durch das Geflecht hindurch kein Steckschaum mehr zu sehen ist. Zusätzlich den inneren Rand der Öffnung mit Islandmoos bedecken und festkleben.

2 Den Kegel auf die Arbeitsfläche legen und am unteren Steckschaumrand die Blätter einstecken. Hyazinthen und Gräser ebenfalls stecken, den Dekoball im Vordergrund festkleben.

3 Das Band in zwei Teile (20 cm und 30 cm) zerschneiden. Aus dem längeren Stück eine einfache Schleife binden und damit die Lücke zwischen Dekoball und Islandmoos füllen.

4 Die Außenseite des Kegels mit dem restlichen Band und einigen Ginsterzweigen verzieren. Die Zweige durch das Kegelgeflecht hindurch in den Steckschaum stecken und um den Kegel winden. Den Klebepunkt des Bandes mit einer Hyazinthenblüte verdecken.

Gesteck mit Vogel

Material

- Brett, 21 x 10 cm
- 3 Nigella
- 5 Weinblätter
- Adiantum
- Astilbe
- Grasspray
- Wiesengras
- Feenhaar in Dunkelgrün
- 2 Metallstecker „Schmetterling“
- Keramikvogel in Weiß, 11 cm
- Keramikpilz in Hellgrün, 7 cm

1 Ein Stück Steckschaum (etwa 3 cm dick) auf das Brett kleben. Auf der rechten Seite bleiben etwa 5 cm des Brettes frei. Das ist wichtig für den Höhenunterschied zwischen Vogel und Pilz. Den Steckschaum mit Feenhaar bedecken und mit den Wein- und Farnblättern eine Art Manschette bilden.

2 Mit den Gräsern die Höhe des Gestecks festlegen. Astilbenblüten und Nigella dazustecken, dabei einige Nigella horizontal anordnen.

3 Den Vogel auf dem Steckschaum, den Pilz auf der Blattmanschette festkleben. Achtung, das Blatt, auf dem der Pilz zu stehen kommt, zusätzlich auf dem Brett ankleben, sonst hat der Pilz zu wenig Halt. Mit den Metallsteckern abschließend dekorieren.

Primeln & Bast

Material

Tüte aus Zweigen

- 3 Birkenzweige, echt
- 3 Buchszweige, echt
- Weidenring, 20 cm Ø
- 2 Ginsterzweige in Hellgrün, 60 cm
- 2 Kugelprimeln mit je drei Knospen in Orange
- 5 Kugelprimelblüten in Orange
- Plattenmoos
- Band „Woge", 15 mm, in Grün, etwa 1,50 m
- Fransenschnur in Orange, etwa 50 cm
- Figurendraht, etwa 15 cm

Bastzopf

- Baststrang in Grün, etwa 1 m
- Ginsterzweig in Hellgrün, 60 cm
- Kugelprimeln in Grün und Orange
- Band „Woge", 15 mm, in Grün, 70 cm
- 2 Kunststoffeier, 5 cm
- 3 Kunststoffeier, 3 cm

Tüte aus Zweigen

1 Weidenring mit Plattenmoos bedecken und mit feinem Draht umwickeln. Birken- und Buchszweige abwechselnd durch den Mooskranz stecken, mit Heißkleber fixieren. Die unteren Enden der Zweige zusammenfassen und mit einem Draht abbinden, sodass eine Tüte entsteht. In die unteren zehn Zentimeter ein Stück Figurendraht einbinden, dadurch wird das Ende der Tüte formbar. Zwei Ginsterzweige in den Mooskranz stecken, mit den Birken- und Buchszweigen leicht verweben. Den Anfang der Fransenschnur in den Kranz stecken, die gesamte Tüte umwinden. Das Ende der Schnur an der Tütenspitze festkleben, Klebestelle mit einer Primelblüte verdecken. Etwa 15 cm des Deko-Bandes zurücklegen, den Rest als Aufhängung am Kranz festknoten.

2 Aus einigen Birkenzweigen zwei etwa 33 cm lange Bündel zusammendrahten. Darauf achten, dass an beiden Enden Fruchtstände sind. Zweigbündel horizontal auf dem Kranz festkleben, sodass dieser in vier Viertel unterteilt wird. Drei Kugelprimel-Knospen mit dem Rest des Deko-Bandes zu einer Kette verbinden, am Schnittpunkt der Birkenbündel anknoten. Die Öffnung des Mooskranzes mit Primelblättern schließen. Blüten und Knospen auf den Primelblättern und dem Mooskranz festkleben. Mit Ginster ausgestalten.

Bastzopf

Baststrang in der Mitte locker knoten, zu einem Zopf flechten. Auf der Rückseite des Zopfes das Band als Aufhängung anknoten. Ginster, Primelblätter, Blüten und Eier auf dem Zopf verteilen und festkleben.

Material

Kranz mit Hühnern

- Kranz aus Weiden, 23 x 19 cm, oval
- Buchsranke, etwa 50 cm
- 2 Kugelprimeln in Orange
- Feenhaar in Dunkelgrün
- Band, 40 mm, in Orange, 50 cm
- 2 Hühner mit Nest

Kinder im Garten

- Holzbrett, 23 x 12 cm
- 5 Salalblätter in Hellgrün, 10 cm
- 3 Weinblätter
- 6 Farnblätter
- 2 Ranunkeln in Gelb
- 4 Tazetten in Gelb/Orange
- Efeuzweig
- Efeupick
- Graspick
- Grasbund
- Dschungelmoos in Moosgrün
- Vogelhaus zum Stecken, 5 cm
- Dekozaun in Gelb, 22 x 5,5 cm
- Kinderpaar aus Keramik , 8 cm
- 2 Wattehühner, 3 cm

Frühling im Garten

Kranz mit Hühnern

1 Das Aufhängeband am Weidenoval befestigen. Ein Stückchen Steckschaum in die untere Rundung des Ovals kleben, mit Feenhaar bedecken. Etwa zwei Drittel des Ovals mit der Buchsranke umschlingen; die Enden mit Heißkleber fixieren.

2 Die Kugelprimeln in Einzelblüten zerteilen. Die beiden größeren Blüten zusammen mit den Blättern seitlich in den Steckschaum stecken.

3 Die beiden Hühner versetzt auf den Steckschaum kleben, die Lücke mit einer Blüte füllen. Die restlichen Blüten mit der Klebepistole am Weidenoval anbringen.

Kinder im Garten

1 Ein Stück Steckschaum in der Größe 20 x 7 cm so auf das Brett kleben, dass im Vordergrund ein 5 cm breiter Streifen frei bleibt. Steckschaum mit Dschungelmoos bedecken und mit den Blättern eine Manschette bilden, die das Brett verbirgt.

2 Dekozaun mit Heißkleber sichern, das Vogelhaus einstecken. Das Mädchen auf dem Steckschaum hinter dem Zaun, den Jungen auf dem Holzbrett vor dem Zaun mit der Klebepistole anbringen. Gräser und Blüten entsprechend der Abbildung stecken. Die Hühner ebenfalls festkleben.

Füllhörner aus Sisal

Material

Kirschblüten

- Füllhorn aus Sisal in Pastellpink, 20 cm
- Kirschblütenzweig in Rosa
- 6 Blätter, gezackt
- Band „Romance", 40 mm, in Rosa, etwa 1,50 m
- Dekoball in Hellgrün, 6 cm Ø

Anemonen

- Füllhorn aus Sisal in Pastellrosa, 20 cm
- 5 Anemonen in Rosa
- 2 Farnzweige
- 2 Efeublätter
- Band „Romance", 40 mm, in Rosa, etwa 1,50 m
- Dekoball in Hellgrün, 6 cm Ø

Das Aufhängeband links und rechts am jeweiligen Füllhorn befestigen. Hierzu beide Enden des Bandes zu je zwei Schlaufen legen, mit Silberdraht abbinden und mit Heißkleber am Füllhorn fixieren. Die Füllhörner mit Steckschaum füllen, Dekobälle jeweils in der Mitte festkleben.

Kirschblüten

Mit den gezackten Blättern eine Manschette um den Ball stecken. Einzelne Kirschblüten rundherum einstecken. Einen kleinen Kirschblütenzweig außen festkleben.

Anemonen

Blätter von Anemonen und Efeu am Rand der Öffnung entlang einstecken, sodass eine Manschette entsteht. Blüten zwischen Blätter und Dekoball platzieren. Farnzweige und einige Blüten und Knospen außen ankleben.

Leiter aus Reed

Material

- 7 Stängel Elefantenreed in Hellgrün, 1 m
- Kirschzweig in Rosa, 60 cm
- Birkenzweig in Grün, 50 cm
- Kugelprimel in Hellgrün
- Bast in Hellgrün
- 2 Waldvögel aus Keramik, 4,5 cm
- 5 Kunststoff-Eier, in Grüntönen und Weiß, 3 cm

1 Aus Elefantenreed und Bast eine Leiter der Größe 40 x 20 cm binden. Für die Längsstreben jeweils fünf Stäbe à 40 cm zusammenfassen. Die drei Sprossen bestehen aus je vier Stängeln à 20 cm.

2 In der rechten unteren Ecke der Leiter ein Stück Steckschaum festkleben, mit Feenhaar abdecken. Den Kirschblütenzweig so stecken, dass er diagonal über die Leiter verläuft. Anschließend den Birkenzweig und die Kugelprimel platzieren.

3 Auf der unteren und der oberen Sprosse zusammen mit etwas Feenhaar die Vögel mit Heißkleber befestigen. Kunststoff-Eier, wie auf der Abbildung zu sehen, festkleben.

Kirschblüten

Material

- Strohkranz, 25 cm Ø
- 3 Kirschblütenzweige
- Buchsranke, etwa 1,20 m
- Feenhaar in Dunkelgrün
- Band „Easter Fly“, 40 mm, etwa 2 m

1 Strohkranz mit Feenhaar umwickeln, mit feinem Draht fixieren. Die Buchsranke ungleichmäßig um den Kranz winden und feststecken.

2 Das Band halbieren. Die eine Hälfte als Aufhängung am Kranz anbringen. Das restliche Band alle 10 cm mit Silberdraht abbinden, locker auf dem Kranz drapieren und an einigen Punkten mit der Klebepistole fixieren.

3 Die Kirschblüten mit dem Seitenschneider vom Zweig abtrennen, jedoch sechs größere Zweigabschnitte zurücklegen. Die einzelnen Blüten mit Heißkleber am Kranz befestigen. Die Zweigabschnitte als optischen Ausgleich zum Aufhängeband am unteren Rand des Kranzes (siehe Abbildung) ankleben.

Tisch-Dekoration

Material

Vase in Gelb

- Stielvase aus Glas, 15,5 cm
- Ginster in Hellgrün
- 4 Ranunkeln in Gelb
- 4 Kugelprimeln in Hellgrün
- Mini-Efeuranke, etwa 60 cm
- Dekoball in Hellgrün, 6 cm Ø

Vase in Violett

- Stielvase aus Glas, 15,5 cm
- Hortensienkranz in Lila-Creme
- 2 Nigella in Weiß
- Mini-Efeuranke, etwa 60 cm
- Dekoball in Hellgrün, 6 cm Ø

Steckschaum in die Vasen kleben. Die Ränder der Vasen mit der Efeuranke umwinden, um den Steckschaum zu verdecken. Die Dekobälle jeweils in die Mitte des Steckschaums kleben.

Vase in Gelb

In die eine Vase abwechselnd Primeln und Ranunkeln stecken. Zuletzt einzelne Ginsterzweige zwischen den Blüten anordnen und unregelmäßig um die Vase winden.

Vase in Violett

Für die andere Vase den Hortensienkranz mit dem Seitenschneider in einzelne Blütenbüschel zerlegen. Nigella in Einzelblüten mit etwa 3 cm langen Stängelstücken zerteilen. Hortensien und Nigella abwechselnd rund um den Dekoball stecken. Lücken mit Blättern der Nigella auffüllen.

Tipp

Wenn Sie Seidenblumen zerteilen, bewahren Sie Reste, also einzelne Blüten und Blätter, immer für spätere Arbeiten auf. Auch Stielabschnitte können später nützlich sein, um Einzelblüten mit Stängeln zu versehen.

Schlaufe mit Küken

Material

- Rattanband in Gelb, 2 m
- 3 Blumenpicks in Weiß
- 4 Mimosen in Gelb
- Mini-Efeuranke in Grün, 1 m
- Feenhaar in Gelb
- Küken aus Keramik in Gelb, 7 cm
- Feder-Ei in Grün, 7 cm
- Kordel, 2 mm ∅, in Gelb, 1 m

1 Rattanband in vier gleich lange Teile zerschneiden, zu einer Schlaufe zusammenfassen. Mit Steckdraht (0,6 mm ∅) zusammenbinden. Über der Bindestelle die Aufhängekordel anbringen.

2 Ein Stück Steckschaum in die Schlaufe kleben, mit Feenhaar abdecken. Die linke Seite der Schlaufe mit der Mini-Efeuranke verzieren, mit der Klebepistole befestigen. Das Küken und das Feder-Ei ankleben. Mimosen und Blumenpicks stecken.

Vasen in Blau

Material

Gesteck mit Wichtel

- Keramikvase, 12 x 12 x 20 cm, in Hellblau
- 2 Hortensienblüten in Hellblau
- 2 Wildblumen in Hellgrün
- 2 Elefantenreedstäbe, 90 cm, in Hellgrün
- Farnzweig
- Feenhaar in Weiß
- Grasbund
- Dekogras
- Bast in Hellgrün
- Wichtelmännchen, liegend, 11 cm
- Gießkanne in Grün, 6 cm

Glastopf mit Eiern

- Glastopf, 10 x 10 x 12 cm
- Vogelsand
- Blumenpick in Weiß
- Scilla in Blau
- Maiglöckchenranke, 30 cm
- 3 Eier aus Keramik zum Stecken, 6 cm

Gesteck mit Wichtel

1 Steckschaum in die Vase kleben, mit Feenhaar bedecken. Dekogras in Schlaufen legen und mit U-Haften über einer Ecke der Vase feststecken. Den Wichtelmann mit Heißkleber fixieren. Darauf achten, dass er nicht nur am Feenhaar, sondern auch am Steckschaum klebt.

2 Elefantenreedstängel in etwa 25 cm lange Abschnitte zerteilen und mit Bast bündeln. Einige kürzere Stückchen waagerecht am Bündel festbinden. Reedbündel im Hintergrund des Gesteckes in den Steckschaum stecken.

3 Wildblumen in Einzelblüten zerteilen. Links eine Wildblumenblüte, rechts einen Farnzweig mit U-Haften horizontal auf dem Steckschaum befestigen. Das Gesteck mit den Hortensienblüten, Wildblumen und Grasbüscheln füllen. Die Gießkanne mit der Klebepistole am Reedbündel anbringen, die Klebestelle mit Blüten kaschieren.

Glastopf mit Eiern

1 Glastopf etwa zur Hälfte mit Vogelsand füllen. Die ersten beiden Eier einstecken. In die freie Ecke den weißen Blumenpick, dahinter die Scilla stecken. Das dritte Ei hinzufügen.

2 Die Maiglöckchenranke knautschen und damit die Lücken im Glas füllen.

Impressum

© 2002
Christophorus-Verlag GmbH
Freiburg im Breisgau

ISBN 3-419-56470-8

Textredaktion:
Anja Huss, Freiburg

Styling und Fotos:
Roland Krieg, Waldkirch

Covergestaltung und Layoutentwurf:
Network!, München

Gesamtproduktion:
smp, Freiburg
Layout: Gisa Bonfig, Freiburg

Druck:
Freiburger Graphische Betriebe

Wir sind für Sie da, wenn Sie Fragen haben.
Und wir interessieren uns für Ihre eigenen Ideen und Anregungen.
Schreiben Sie uns, wir hören gerne von Ihnen!
Ihr Christophorus-Team

Christophorus-Verlag GmbH
Hermann-Herder-Str. 4
79104 Freiburg
Tel.: 0761/ 27 17-0
Fax: 0761/ 27 17-3 52
oder e-mail:
info@christophorus-verlag.de

www.christophorus-verlag.de

Aus der Brunnen-Reihe

3-419-56353-1

3-419-56350-7

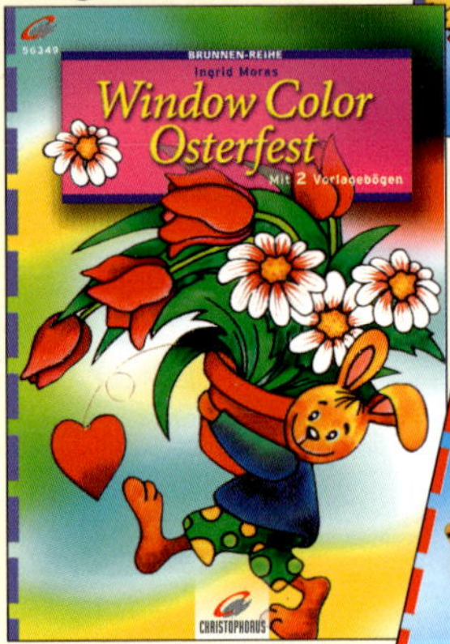

3-419-56349-3

3-419-5348-5

3-419-56347-7